FINANZIELLE VIBRATION

 FINANZIELLE VIBRATION

FINANZIELLE VIBRATION

FINANZIELLE VIBRATION

 FINANZIELLE VIBRATION

Inhalt

Wir begannen...

Vermögenshäufigkeit

Was ist finanzielle Fülle?

Die Häufigkeit von Reichtum und Nutzen

Kompatible Muster anziehen

Verstehe dein vibrierendes Summen

Was ist Schwingungsbalance?

Ändern Sie Ihre Vibration

Erstellen, was Sie wollen

Lerne den Unterschied zwischen Verlangen und Distanz

Die Vorteile der Planung für finanziellen Wohlstand

 FINANZIELLE VIBRATION

 FINANZIELLE VIBRATION

Wir begannen...

Dieses Buch soll Ihnen helfen, finanziellen Wohlstand zu erlangen, indem Sie Ihre inneren Ressourcen anzapfen, von denen Sie vielleicht nicht wissen, dass Sie sie haben.

Sie werden lernen, dass Sie durch die Verlagerung Ihrer emotionalen Schwingungen und Frequenzen vom Negativen ins Positive in der Lage sein werden, konzentriert zu bleiben und andere leichter und mit weniger Aufwand zum Erfolg zu bewegen.

 FINANZIELLE VIBRATION

Vermögenshäufigkeit

Glauben Sie, dass es so etwas wie Schwingungen oder Frequenzen des Reichtums gibt? Heutzutage scheint es mehr als nur die richtigen Ressourcen, Entschlossenheit und Fähigkeiten zu erfordern, um wohlhabend zu sein oder generell das zu erreichen, was man sich im Leben wünscht. Der Besitz der rechten Gehirnströme ist ebenfalls wichtig, vielleicht sogar der wichtigste von allen.

Was ist die Häufigkeit des Reichtums?

Studien deuten darauf hin, dass Meditation die Gehirnwellen auf eine niedrigere Frequenz reduziert, die für Entspannung und Fokussierung am besten geeignet ist. Dies ist als niedriger Alpha bekannt. Sie können Ihre

Hirnströme auch auf die Theta-Frequenz absenken, die für manifestes oder luzides Träumen am besten geeignet ist. Um sich jedoch auf die Frequenz des Reichtums einzustimmen, empfehlen Experten, die Gehirnströme anzuheben.

Emotionale Frequenzen

In seinem Buch "Power vs. Strength" (Macht vs. Stärke) hat David die Frequenzen menschlicher Emotionen von 20 bis 1.000 gemessen. Hawkins schlägt vor, dass Menschen in den unteren Frequenzen solide oder schwer sind, während sie in den höheren Frequenzen leicht und hell sind, wo wir die Gefühle von Frieden, Liebe, Akzeptanz und andere positive Gefühle erhalten, die es uns ermöglichen, besser zu verstehen und klarer zu sehen.

Hawkins schlägt vor, dass, wenn Sie sich in den niedrigeren Frequenzen befinden, z.B. 20

FINANZIELLE VIBRATION

(Scham), 30 (Schuldgefühle), 75 (Trauer), 100 (Angst) und 175 (Schmerz), (Stolz), Sie anfälliger für Krankheit und Ärger sind, weil diese Emotionen zur Neige gehen und Sie wahrscheinlich mehr Schuldgefühle, mehr Angst usw. verbreiten werden, Emotionen, die Sie und andere, mit denen Sie in Kontakt kommen, zerren.

Wenn Sie sich auf den höheren Frequenzebenen befinden, sind Sie in der Lage, andere auf positivere Weise zu beeinflussen. Zur Unterstützung dieses Konzepts hat die Global

Das Princeton Awareness Project entdeckte kurz vor dem Angriff auf die Zwillingstürme am 21. September 2001 ein negatives Bewusstsein. Auf der anderen Seite wurde vor dem Amtsantritt von Präsident Barack Obama ein positiver Impuls festgestellt, der zeigt, dass der Einzelne von den Frequenzen des Ganzen beeinflusst wird und dass die

 FINANZIELLE VIBRATION

Erde von den kombinierten Energien der Individuen beeinflusst wird.

Denkmuster ändern

Das Anheben Ihrer Gehirnströme erhöht nicht notwendigerweise Ihre Frequenz, aber es verändert Ihre Denkmuster, und Sie müssen dies tun, wenn Sie die Auswirkungen Ihres Egos auf Ihre Entscheidungsfindung und Ihren Umgang mit anderen erfolgreich mindern wollen.

Wie können Sie dann Ihre Frequenz für Reichtum finden? Nun, offensichtlich besteht der erste Schritt darin, Ihre Denkmuster so anzupassen, dass Sie objektiver und klarer denken können. Die zweite ist, dass Sie versuchen, sich aus den emotionalen Frequenzen, die Sie zurückhalten, herauszuheben.

 FINANZIELLE VIBRATION

Akzeptanz, Frieden, Liebe, guter Wille, Mut; all diese Emotionen sind positiv und gehören zu den höheren Frequenzen, die es Ihnen ermöglichen, andere positiver zu beeinflussen.

Einer verwandten Studie zufolge ist eine Person, die mit 300 operiert, in der Lage, 90.000 Personen, die unter 200 operieren, entgegenzuwirken, während eine Person, die mit 600 operiert (Frieden), in der Lage ist, 10.000.000 Personen, die unter 200 operieren, entgegenzuwirken.

Die Fähigkeit, andere zu beeinflussen, ist der Schlüssel zur Ermittlung der Häufigkeit ihres Reichtums.

Das bedeutet nicht, dass Sie keinen Misserfolg erleben werden, aber weil Sie einen klaren Kopf haben, fokussiert sind und mit einer höheren Bewusstseinsebene in Verbindung stehen, ist Wohlstand viel

 FINANZIELLE VIBRATION

leichter zu erreichen, als wenn Sie auf den Frequenzebenen des Energieabflusses arbeiten.

 FINANZIELLE VIBRATION

Was ist finanzielle Fülle?

Das Leben, von dem Sie immer geträumt haben, kann durch die richtige Denkweise und das richtige Handeln erreicht werden. Wenn Sie sich von allen finanziellen Sorgen befreien wollen, dann erreichen Sie finanziellen Wohlstand. Was es ist und was es Ihrem Leben antun kann, ist unglaublich. Hier sind also die Dinge, die Sie über finanziellen Überfluss wissen sollten.

Finanzieller Überfluss ist in einer Situation, in der es genug finanzielle Unterstützung gibt, um Ihr Leben zu erhalten und noch ein paar mehr für Ihren Komfort hinzuzufügen.

Es ist weit weg von finanziellen Belastungen und Sorgen, und es gibt das Gefühl, genug Überfluss zu haben, wo Stress und Druck

nicht im Weg sind. Um finanziellen Wohlstand zu erreichen, können Sie diese wesentlichen Faktoren verfolgen:

Was ist finanzieller Überfluss?

1. Lernen, Ihren Geist zu stärken

Lernen Sie, eine Überfluss-Mentalität zu praktizieren. Lernen Sie dabei, dass Geld nur eine materielle Sache ist und nicht die Quelle der Zufriedenheit sein sollte. Natürlich, wer braucht kein Geld? Diese reichhaltige Mentalität ist so verschieden, dass sie praktiziert werden muss, um Ihr Leben in Balance zu bringen. Lassen Sie sich nicht von der Gier überwältigen. Genießen Sie stattdessen Ihr Geld, indem Sie ein wenig sparen und es verschenken, um zu helfen. Damit wird Ihr Motiv so positiv, dass es schließlich mit Ihren Zielen übereinstimmt. Das nennt man positive Schwingungen bekommen.

2. Wissen erlangen

Dies ist nicht auf das akademische Niveau beschränkt. Tatsächlich haben viele Reiche weniger Wissen als die Armen. Dieses Wissen bedeutet, das Gelernte (aus der Schule oder persönlicher Erfahrung) anzupassen und Wege zu finden, es anzuwenden. Dieses Wissen wird sich in Ihre Fähigkeiten übersetzen, wobei Ihre Fähigkeiten Ihnen finanziellen Reichtum verschaffen können. Ein Leben zu leben, für das man sich begeistert, zählt für ein Leben im Überfluss. Damit können Sie letztendlich Geld verdienen.

3. Die Kunst der Großzügigkeit

Wenn Sie etwas in Ihrem Leben wollen, helfen Sie anderen Menschen, ihre Träume auch zu verwirklichen. Es gab viele Reden über Großzügigkeit, und eine, die wahr ist,

ist, dass wir zurückbekommen, was wir geben. Dies bedeutet nicht, dass Großzügigkeit bedeutet, Geld zu geben.

Ja, das lässt sich machen, aber es zählt nicht nur das Geld, nicht wahr? Damit Sie ein komfortables und reichhaltiges Leben führen können, schaffen Sie ein positives Umfeld, damit Sie bekommen, was Sie wollen. Dies rechtfertigt das alte Sprichwort: Es ist besser zu geben als zu nehmen.

4. Der Weg zum Investieren

Sparen Sie nicht zu viel von Ihrem Geld. Sie zu retten, bedeutet nicht unbedingt, dass Sie ein Leben im Überfluss schaffen.

Ja, Sparen zur Deckung von Notfällen und unerwarteten Ausgaben ist wichtig, aber es sollte keine Möglichkeit sein, Ihre finanzielle

FINANZIELLE VIBRATION

Belastung zu verringern. Was Sie tun müssen, ist investieren. Investieren Sie in etwas, das Ihnen über einen bestimmten Zeitraum eine bedeutende Rendite bringt. Damit besteht eine gute Chance, dass Sie mehr Einkommen als Ihre Arbeit verdienen können.

FINANZIELLE VIBRATION

Die Häufigkeit von Reichtum und Nutzen

Das Gesetz der Schwingungen

Das Schwingungsgesetz besagt, dass alles, was im Universum existiert, nichts anderes ist als eine Energie, die in verschiedenen Frequenzen schwingt. Ob es sich um physische Materie oder um das Unsichtbare (Geist, Chi usw.) handelt, alles schwingt bis zu einem gewissen Grad.

Nach diesem Paradigma befindet sich alles, was existiert, im Kontinuum der Energien und Frequenzen. Ein Teil ist die Häufigkeit des Reichtums.

 FINANZIELLE VIBRATION

Wenn Sie in der Lage sind, diesen Ton zu berühren und mit ihm in Resonanz zu treten, können Sie mehr von diesem Zustand in Ihrem Leben schaffen.

David Hawkins: Kalibrierung David Hawkins kam mit der Kalibrierung der menschlichen Energien und Emotionen, beginnend bei 20-1000 Frequenzen. Die unteren Frequenzen sind dicht, Zustände wie Schuld (30), Hass, Trauer, Liebe und Frieden liegen im Bereich von 500-600.

Der erste positive Gefühlszustand wird ab 200 (Wert) und aufwärts kalibriert. Um zu den winzigen Situationen und Bestandteilen zu gelangen, die aus der Idee des "Reichtums" bestehen, müssen diese einzelnen Stücke ab 200 zum Klingen gebracht werden.

Die Kalibrierung ist nicht wichtig; dies ist nur ein Anhaltspunkt, eine Zahl, mit der wir das

FINANZIELLE VIBRATION

Spektrum der Emotionen oder menschlichen Zustände nach oben oder unten kalibrieren können, um die von uns gewünschten Wirkungen zu erzielen.

Gesetz von Resonanz und Anziehung

Das Gesetz von Resonanz und Anziehung sind ähnliche, aber nicht identische Vorstellungen. Da es verschiedene Arten von Konzepten und Vorstellungen von Reichtum gibt, wird Reichtum, der eine allgemeine Resonanz hat, jene Situationen anziehen, die finanziellen Überfluss verursachen.

Das Gesetz der Resonanz schafft die Unterscheidung, ob Sie von einer Sache mehr als von einer anderen anziehen werden. Ein Beispiel ist das Resonanzgesetz, das unterscheidet, ob sich ein Stuhl oder ein Tisch manifestieren kann, obwohl beide in die universelle Kategorie Möbel fallen.

FINANZIELLE VIBRATION

Frequenzsendungen mit bewusstem Reichtum

Indem Sie Ihren Verstand darauf trainieren, auf dieser Frequenz zu leben und ihn mit Intensität und Resonanz aufzuladen, indem Sie jedem in Ihrem Umfeld, d.h. Mitarbeitern, Geschäftspartnern, dasselbe beibringen und sogar den physischen Raum, in dem Sie sich befinden, aufladen, erhöhen Sie die Wahrscheinlichkeit, günstige Bedingungen für Wohlstand anzuziehen.

Am Anfang kann es viel bewusste Anstrengung erfordern, diesen Kopfraum zu betreten, denn so denken, fühlen und sehen wir die Welt normalerweise nicht. Mit der Zeit werden Sie sich organischer fühlen, und es wird die Zeit kommen, in der es zu Ihrer Grundfrequenz oder Ihrem Grundzustand wird.

FINANZIELLE VIBRATION

Die Midas-Berührung

Sobald Sie in natürlicher Resonanz zu dieser Frequenz stehen, beginnt sich das Phänomen der "Midas-Berührung" in Ihrem Leben zu manifestieren. Alles, was Sie berühren, scheint mühelos und natürlich von selbst zu funktionieren, ohne bewusst etwas zu tun.

Das ist eine Erklärung dafür, warum Erfolg Erfolg hervorbringt. Sie schafft den Anstoß zum Erfolg, wo ein Erfolg die Tür für zukünftige Erfolge öffnet und so weiter.

Die Metapher des Immunsystems

Jeder, der die höchsten Erfolgsquoten erreicht hat, hat natürlich trainiert, in diesen Frequenzen zu denken und zu handeln. Dinge, die nicht wie geplant geschehen, sind unnatürlich und werden eliminiert, wie das Immunsystem, das Eindringlinge abtötet.

 FINANZIELLE VIBRATION

Krankheiten sind die Negativitäten, und die positiven Frequenzen (für den Reichtum) sind die Supersoldaten der Antikörper des Immunsystems, die sich automatisch und natürlich verteidigen.

FINANZIELLE VIBRATION

Kompatible Muster anziehen

Alles im Universum ist nur Energie, und wenn Sie tief genug hinsehen, werden Sie sehen, dass alles nur Schwingungen sind und dass diese Schwingungsmuster es sind, die Gas in Gase und Flüssigkeiten und Feststoffe in das verwandeln, was sie sind.

Dazu gehören auch immaterielle Werte wie Geist und Seele. Es kann hilfreich sein, die Zustände der Materie beginnend mit dem Äther, dem Geist/Seele, den Gasen, den Flüssigkeiten und schließlich den Festkörpern zu sehen.

Das bedeutet nicht, dass Sie schwere Gegenstände allein mit Ihrem Verstand physisch bewegen können, obwohl einige behaupten, dies durch Telekinese tun zu können.

Das würde den Rahmen dieses Buches sprengen.

Das Ziel der Manifestation durch die Anziehung kompatibler Energiemuster ist es, einen Weg des geringsten Widerstands zu schaffen, auf dem eine Manifestation möglich und ein besserer Weg ist als das Gegenteil von dem, was wir wollen.

Eine Erklärung von Glück und Pech

"Wenn man in sich selbst und ohne die Bedingungen, unter denen ein Ereignis leichter zu erzeugen ist, etwas schafft, das wir als "Glück" betrachten würden, dann müsste sich dieses Glück in einem Umfeld voller Negativität und Kräfte, die das

Gegenteil behaupten, leichter manifestieren, Bedingungen, die "Pech" beinhalten.

Aufgrund der jüngsten Popularität von "The Secret" haben viele die Idee missverstanden, nur Illusionen zu sein und nicht zu handeln. Handeln ist auch Energie. Sie ist eine Komponente der Kraft, eine physikalische Kraft, die die immaterielle Energie und die Schwingungen nutzt, die erzeugt werden, um Dinge in der realen Welt geschehen zu lassen.

Praktische Aspekte der Energienutzung in der realen Welt

Es gibt nur die Anziehungskraft von idealen Situationen, Menschen und Ereignissen. Die Kraft solcher Wirkungen, die durch diesen Kanal erzeugt werden, existiert in den subtileren und ungreifbareren Bereichen, im Gegensatz zu physischen Handlungen, die stärker sind. Es ist unrealistisch, einen tonnenschweren Gegenstand mit diesen Mitteln physisch zu bewegen. Dies erfordert mechanische Energie, Werkzeuge und Geräte wie z.B. einen Kran.

Und wie manifestiert sich ein Kranich?

Sie können das Unternehmen anrufen, das große Industriemaschinen vermietet. Sie können in der Schwermaschinenindustrie Kontakte knüpfen und Freundschaften schließen. Sie können intensiv visualisieren, so tun, als hätten Sie den Kranich bereits. Es geht nicht einfach darum, das eine über das andere zu setzen, sondern so viele Arbeitsmethoden wie möglich anzuwenden, um dieses Ziel zu erreichen.

Ich bezweifle, dass man einen Kran allein mit dem Verstand manifestieren kann, ganz zu schweigen von einem tonnenschweren Objekt, das an einen anderen Ort schweben soll. Es ist einfach nicht realistisch und basiert auf Phantasie!

Schaffung kompatibler Muster für Reichtum und Überfluss

Im obigen Beispiel geht es um ein sehr spezifisches Ziel, das mit mechanischen Mitteln gelöst werden kann, nämlich um einen Kran. Um jedoch einen allgemeinen Lebenszustand mit vielen möglichen Variablen, Ansätzen und Ergebnissen zu entwerfen, können wir ein Problem nicht einfach auf eine einzige Sache wie den Kran reduzieren. Und hier trifft das Gesetz der Anziehung, was anzieht, was anzieht, was anzieht, was nützlich sein kann.

Indem wir die richtigen Schwingungen und Energien in uns selbst und in unseren Unternehmen erzeugen, sind wir in der Lage, Spiele, Menschen und Ressourcen anzuziehen, die uns normalerweise scheinbar ohne viel Glück nicht in den Schoß fallen würden. Weil wir die richtigen Energiesignaturen geschaffen haben, damit diese Variablen nicht nur angezogen werden, sondern sich auch kongruent in unserem Raum befinden.

Kurz gesagt, es geht darum, die richtigen Energien zu schaffen, um Vermögenswerte zu magnetisieren und einen nachhaltigen Rahmen zu schaffen, in dem Vermögenswerte und Ressourcen in unserem Raum oder Einflussbereich, in dem diese Dinge nützlich sind, organisch erhalten werden können. Obwohl sie im Bereich des Immateriellen existieren und mit unseren irdischen wissenschaftlichen Geräten nicht gemessen werden können, haben wir nichts zu verlieren, wenn wir diese Machtreserve anzapfen, die uns allen zur Verfügung steht!

FINANZIELLE VIBRATION

Verstehe dein vibrierendes Summen

Alles erzeugt Schwingungen, die subtil und nur für diejenigen wahrnehmbar sind, die sie suchen. Die Schwingungen zu kennen und zu verstehen, auch die eigenen, ist sehr wichtig für ein Leben in Wohlstand und Fülle. Es gibt zwei Arten von Schwingungen oder Energie: positive und negative.

Die positive Energie, die Sie bereits kennen, ermöglicht es Ihnen, andere zu beeinflussen und somit mehr zu tun, und die negative Energie zieht Sie und die Menschen um Sie herum nach unten.

FINANZIELLE VIBRATION

Lernen, Schwingungen zu identifizieren

Wenn Sie einmal gelernt haben, Schwingungen oder Energie, wie andere sie nennen, zu erkennen, achten Sie darauf, dass Sie sich nur an die positiven Schwingungen oder Energien halten, denn das wird Ihnen helfen, Ihre eigenen zu erhöhen. Vermeiden Sie negative Schwingungen, die Ihre eigenen senken oder vermindern können.

Der erste Schritt, den Sie tun müssen, damit Sie von der Kraft der Vibrationen profitieren können, die kontinuierlich in die Umwelt abgegeben werden, ist zu lernen, sie zu erkennen und zu klassifizieren. Es gibt eine bewährte Methode, dies zu tun. Denken Sie an die Vibrationen, die Sie spüren, wenn ein Zug auf seinen Gleisen fährt. Es fährt vielleicht kein richtiger Zug, aber Sie kennen die Vibrationen, die er erzeugt.

Entspannen Sie sich und öffnen Sie Ihre Sinne für das, was um Sie herum ist, und Sie können es fühlen. Es wird Zeit brauchen, aber irgendwann, und mit Geduld, werden Sie lernen, sie zu bemerken. Es hilft, Meditationen durchzuführen, in denen die gewöhnlichen Geräusche des Alltags ausgelöscht werden. Mit der Zeit werden Sie sie vielleicht sogar sehen können, indem Sie Ihre Augen während der Meditation aus dem Fokus halten. Man muss die Fähigkeit erwerben, die Schwingungen wahrzunehmen, wenn man von ihren Kräften profitieren will.

Die eigenen Schwingungen kennen

Der nächste Schritt, nachdem Sie die Fähigkeit erworben haben, Schwingungen zu fühlen und zu sehen, besteht darin, Ihre Aufmerksamkeit auf sich selbst zu lenken. Dies wird einige Zeit für eine tiefgreifende Analyse und Reflexion darüber erfordern, was Ihre Gegenwart ist. Was das ist, erkennen Sie an Ihrer Einstellung zu bestimmten Dingen, die für die Menschen und für Sie selbst von allgemeiner Bedeutung sind.

Man muss nur ehrlich zu sich selbst sein.

Es ist wichtig, Ihre Vibrationsdrone zu kennen, da sie einen direkten Einfluss darauf hat, wie Sie Ihr Leben leben. Es wäre sehr schwierig für Sie, Ihre Lebensziele zu erreichen, wenn Sie nicht wissen, wo Sie jetzt stehen.

Erheben Sie Ihre Schwingungen

Nachdem Sie festgestellt haben, wo Sie sich in Bezug auf Ihre summenden Schwingungen befinden, versuchen Sie im nächsten Schritt, Ihre Schwingungen zu erhöhen. Es gibt zahlreiche Möglichkeiten, dies zu erreichen, und je mehr Sie sich dafür einsetzen, desto leichter fällt es Ihnen, Wohlstand und ein

Leben im Überfluss zu führen. Eine der Methoden, die sich bei der Erzeugung von Schwingungen als wirksam erwiesen hat, ist die Erhaltung der Gesundheit. Wenn Sie gesünder essen, viel Wasser trinken und Nahrungsmittel vermeiden, die mit Giftstoffen belastet sind, werden Ihre Schwingungen erhöht. Meditation, das Erlernen von Entspannung und die Entwicklung der richtigen Einstellungen, die sich mehr auf die Leidenschaften Ihres Lebens konzentrieren, werden ebenfalls einen großen Beitrag zur Verbesserung Ihrer Schwingungen leisten.

Im Allgemeinen gilt: Je glücklicher Sie sind, desto positiver sind Ihre Schwingungen.

Sie können Ihre Schwingungen auf noch höhere Ebenen anheben, indem Sie sich nur mit Menschen mit positiven Schwingungen verbinden.

 FINANZIELLE VIBRATION

Was ist Schwingungsbalance?

Weil Sie ein vibrierendes Wesen sind, senden Sie Signale aus, die anderen sagen, wer Sie sind. Natürlich empfangen nicht alle Menschen Ihre Signale, aber diejenigen, deren Signale mit Ihren übereinstimmen.

Wenn Sie glückliche Signale aussenden, werden andere, die ebenso glücklich sind, Ihre Signale aufgreifen, und es wird eine Zwei-Wege-Kommunikation geben.

So kommunizieren schwingende Wesen in einer schwingenden Welt. Das nennt man das Anziehen kompatibler Muster. Dies fördert die Harmonie.

 FINANZIELLE VIBRATION

Anziehen kompatibler Muster

Wenn Sie sich selbst als schwingendes Wesen erkennen, wollen Sie die Signale anziehen, die Ihnen nützen würden. Bevor Sie das tun können, müssen Sie Ihr vibrierendes Dröhnen verstehen. Wie?

Sie wenden sich nach innen. Dies kann einfach dadurch erreicht werden, dass Sie Ihren Geist zur Ruhe bringen, störende Geräusche ausblenden und auf die Signale achten, die Sie freisetzen.

Fühlen Sie sich glücklich, traurig, frustriert, deprimiert oder zufrieden?

Ihre Schwingungen oder Signale werden alle Gefühle widerspiegeln, die Sie haben, und sie werden die gleichen Schwingungen von Ihrer Umgebung erhalten.

 FINANZIELLE VIBRATION

Vibrations-Balance

Da Sie ein schwingendes Wesen sind, wird Ihre Welt von Signalen regiert, die Sie freisetzen und empfangen. Mit der Zeit werden Sie ein Schwingungsgleichgewicht erreichen, das durch das dominante Signal, das Sie senden und empfangen, gekennzeichnet ist.

Kompatibilität sorgt für Stabilität, aber ist es die Art von Stabilität, die Sie sich wünschen? Wenn Sie zum Beispiel seit Jahren unter finanziellem Stress leben und dieser Sie nicht mehr entmutigt und frustriert, kann das nur bedeuten, dass Ihr schwingungsmäßiges Gleichgewicht mit dieser Art von Leben im Einklang steht.

Die einzige Möglichkeit, ein Schwingungsgleichgewicht zu verändern, das Sie davon abhält, mehr Dinge zu tun, wie zum Beispiel wohlhabender zu werden,

besteht darin, Ihre Schwingung zu verändern.

Ihr Schwingungsgleichgewicht ändern

Eine dauerhafte Veränderung der Schwingungen zu erreichen, ist nicht einfach. Dies kann zum Beispiel nicht durch Umkleiden, Duschen oder Sport erreicht werden.

Was auch immer für ein gutes Gefühl Sie dabei haben, es kann Ihre Schwingungen verändern, aber nur vorübergehend.

Um Ihr vibratorisches Gleichgewicht zu verändern, sollten sich Ihre Bemühungen darauf konzentrieren, die dominanten Signale, die Sie freisetzen, zu verändern. Eine dauerhafte Abkopplung von der Umwelt, die Ihre negative Bilanz unterstützt, muss Ihre Priorität sein, sonst werden Sie weiterhin in Ihren früheren Zustand zurückkehren.

FINANZIELLE VIBRATION

Es gibt zwei Methoden, um von Ihrer derzeitigen negativen Bilanz zu einer stärkeren zu wechseln. Die erste besteht darin, Ihre Signale so zu verändern, dass Sie die Signale aus Ihrer Umgebung abwehren können.

Sie können Ihren Geist und Ihre Energien auf Ihre Ziele konzentrieren, und dieser neue Fokus, der mit Ihrem derzeitigen Umfeld nicht kompatibel ist, wird dieses Umfeld langsam verändern, da Sie neue Signale anziehen werden. Sie werden neue Dinge sehen und erleben, und schließlich wird sich Ihre physische Realität mit Ihren neuen Schwingungen in Einklang bringen.

Eine wirksame Technik, um Ihre Umgebung davon abzuhalten, Ihre Bemühungen zur Veränderung der Schwingungen zu behindern, besteht darin, Ihre Ziele mindestens 20 Minuten pro Tag grafisch zu visualisieren. Legen Sie starke Emotionen hinein, und nach und nach werden Sie feststellen, dass die Signale, die Sie aufnehmen, diejenigen sind, die Ihre Schwingungen verstärken.

Ein anderer Ansatz besteht darin, sich physisch oder sozial von Ihrem derzeitigen Umfeld zu entfernen. Sie können dies tun, indem Sie sich an einen Ort begeben, wo die Signale anders sind, oder Sie können aufhören, faule, sorglose Freunde zu treffen.

Sobald Sie Ihre Schwingungen verändert haben, wird sich Ihr Schwingungsgleichgewicht verändern.

 FINANZIELLE VIBRATION

Ändern Sie Ihre Vibration

Ihr Geist ist mächtiger, als er sich wirklich mit dem Universum verschwören kann.

Was wir sagen, denken und fühlen, erzeugt eine unsichtbare Schwingung, die Energie überträgt.

Diese Energie konspiriert nun mit dem, was wir als Quantenraum bezeichnen, in dem alles unbegrenzt ist und jedem Menschen Chancen gegeben werden können.

Deshalb wird es auch als energetisches Wesen betrachtet; nicht nur aufgrund physikalischer Faktoren, sondern auch, weil es Energie empfangen und übertragen kann. Wollen Sie im Leben Erfolg haben? Dann lernen Sie, Ihre Schwingung zu verändern.

FINANZIELLE VIBRATION

Was man im Leben denkt, fühlt und träumt, kann Schwingungen anziehen, aber das bedeutet nicht unbedingt, dass man es auch bekommt. Dies sind nur Teile davon, und das Wichtigste ist, wie Sie das Universum darauf hinweisen, um zu bekommen, was Sie wollen. Sie erzeugen Schwingungen, während Sie weiterhin Energie austauschen; es wird also eine Zeit kommen, in der unkontrollierbare Umstände auftreten, die das Signal stören. Damit müssen Sie alles in Ihrem Leben mit dem in Einklang bringen, was Sie tun wollen, und diejenigen abweisen, die Ihnen im Weg stehen.

Wenn Sie sich also in einer bestimmten Situation frustriert, verärgert oder unmotiviert fühlen, ist dies ein negatives Signal. Bekämpfen Sie es, indem Sie von positiven Menschen umgeben sind, und geben Sie Energie, die Ihnen trotz der Umstände ein gutes Gefühl gibt.

 FINANZIELLE VIBRATION

Das Bedürfnis, Ihre Schwingung zu spüren

Bleiben Sie in Kontakt mit sich selbst, während Sie einen Weg üben, inneren Frieden zu schaffen. Um die guten Schwingungen aufzufrischen, bewahren Sie einen ruhigen Geist und hören Sie auf Ihren Körper. Dies kann in Form von Gebet oder Meditation geschehen - wie auch immer Sie es nennen, es ist in Ordnung. Sie müssen nur alle Gedanken ausschalten und sich darauf konzentrieren, ruhig und in Frieden zu sein.

Sie können einen ausgedehnten Strandspaziergang machen oder einfach nur einen Urlaub weg von der Stadt machen. Aus praktischen Gründen können Sie sogar in Ihrem eigenen Zimmer eine schöne Ruhe oder Zeit für sich allein haben. Wenn Sie ruhig werden, lassen Sie Ihre Emotionen einfließen.

Fühlen Sie etwas, schreien Sie es aus, wenn Sie können, und holen Sie alles aus Ihrem System heraus. Spüren Sie die Signale Ihres Körpers. Es mag Zeiten geben, in denen Sie gemischte Gefühle empfinden, da Sie vielleicht völlig traurig sind und schließlich Trost und Frieden empfinden. Es gibt Zeiten, in denen Sie so glücklich und lebendig sind. Fühlen Sie sie und spüren Sie Ihre Schwingung.

Die Schwingungsänderung

Jetzt, da Sie wissen, wie Schwingungen auf Ihren Verstand reagieren und wie Sie sie fühlen können, können Sie Ihre Schwingung auf Ihr Ziel hin verschieben. Das erste, was Sie tun können, ist, sich von der Umgebung zu trennen, die Ihr Signal stört. Haben Sie keine negativen Gedanken oder gar negative Menschen. Hier ist ein praktischer Tipp: Visualisieren Sie Ihr Ziel jeden Tag für 15 Minuten.

FINANZIELLE VIBRATION

Spüren Sie Ihre Emotionen so stark und schließlich können Sie Ihre Schwingungen hören und wissen, wie Sie die Dinge abstoßen können, die Ihnen den Weg versperren. Das nächste, was Sie tun können, ist, Ihr Umfeld zu verändern. Sie können mit Menschen mit starken Zielen wie dem Ihren ausgehen, den Stil Ihres Hauses ändern oder sogar Ihre Kleidung ändern. All dies sollte Ihnen ein gutes Gefühl geben und eine starke Vibration erzeugen.

 FINANZIELLE VIBRATION

Erstellen, was Sie wollen

An diesem Punkt in diesem Buch sollten Sie wissen, dass Sie, wenn Sie ein lohnenderes Leben führen wollen, Ihre Denkweise und Ihre gesamte Denkweise ändern müssen. Hier sind einige weitere Tipps, wie Sie das Gewünschte schaffen und das Gewünschte bekommen können:

Tipps

Tipp 1: Konzentrieren Sie sich dort, wo es wichtig ist

Denken Sie nicht über das nach, was Sie nicht haben, denn wenn Sie es haben, werden Sie nie genug haben. Dies ist ein sehr grundlegender Ratschlag, der, wenn er einmal in Betracht gezogen wird, Ihr Leben

 FINANZIELLE VIBRATION

auf positive Art und Weise wesentlich beeinflussen wird.

Wenn Sie Ihren Schwerpunkt und das, worauf Sie sich konzentrieren, ändern Sie Ihr Leben radikal.

Wenn Sie sich auf das konzentrieren, was Sie nicht haben, werden Ihr Geist und Ihre Seele weiterhin denken, dass etwas fehlt. Wenn Sie es sich andererseits zur Gewohnheit machen, für das, was Sie haben, dankbar zu sein, werden Sie in der Lage sein, die positiven Energien um Sie herum zu trainieren, damit Sie sich selbst das geben können, was Sie wollen.

Mit dieser Art von Mentalität werden Sie in der Lage sein, leicht Lösungen für häufige und weniger häufige Probleme in Ihrem Leben zu finden. Sie sind offener für positive Reaktionen und Gelegenheiten in Ihrer

FINANZIELLE VIBRATION

Umgebung, was Ihnen das Gewinnen erleichtert.

Tipp 2: Definieren Sie das Versagen anders

Eines der Dinge, die Menschen daran hindern, Großes zu erreichen, ist die Angst vor dem Scheitern. Wir alle spüren dies an einem bestimmten Punkt in unserem Leben. Wir haben Angst vor dem Scheitern und davor, die Folgen des Scheiterns zu erleiden.

Sobald Sie das Versagen jedoch positiver definieren, werden sich die Dinge für Sie dramatisch ändern, auch Ihre Sichtweise des Versagens.

Glauben Sie nicht an Versagen. Definieren Sie stattdessen Versagen als eine Gelegenheit, zu lernen, besser zu sein in dem, was Sie gerade getan haben. Ohne Scheitern wären wir niemals das, was wir sind, und was wir sind. Betrachten Sie das Scheitern also nicht als etwas, das größer ist als Sie und Ihnen Angst macht, sondern als eine Leiter zu Ihren Zielen. Lehren Sie Ihren Verstand, das Versagen neu zu definieren, und zwar von einer negativen Sache, die Sie nach unten zieht, zu einer positiven und erhebenden Gelegenheit, zu einem vollständigeren Menschen zu werden.

Tipp 3: Sie sind der Meister Ihrer selbst

Wer ist Ihr Chef? Niemand außer **IHNEN** sollte Ihr Chef sein. Es liegt an Ihnen, was mit Ihrem Leben geschehen soll. Es gibt niemanden, der mehr für Sie verantwortlich ist als **SIE**. Indem Sie die Tatsache anerkennen und akzeptieren, dass es niemanden sonst gibt, der Ihnen helfen kann, Ihre erfolgreiche Zukunft aufzubauen, werden Sie reifer und inspiriert, bessere Dinge für sich selbst zu tun.

Von nun an wird es einfach sein, sich die Kraft des Universums zunutze zu machen und es dazu zu bringen, das zu schaffen, was Sie für sich selbst wollen. Wenn Sie diese Tipps täglich praktizieren, werden Sie sich der positiven Dinge bewusst, die die erfolgreichen Menschen um Sie herum beeinflussen. Dann können Sie sich diese Kraft nutzbar machen und sie für sich selbst einsetzen.

FINANZIELLE VIBRATION

Lerne den Unterschied zwischen Verlangen und Distanz

Viele Menschen, die mit den besten Absichten und Fähigkeiten bewaffnet sind, bekommen immer noch nicht, was sie wollen, einfach wegen ihrer falschen Vorstellungen über diese beiden Dinge: Wunsch und Distanz.

Das erste, was Sie über beide wissen sollten, ist, dass sie keine polaren Gegensätze sind. Sie sind jedoch miteinander verflochten, weil sie die Gesetze der Anziehung zu Ihren Gunsten wirken lassen können oder auch nicht.

Die meisten Menschen denken, dass dies ein Zustand ist, der gleichbedeutend ist mit etwas zu wollen oder zu brauchen. Wenn es um die Gesetze der Anziehung geht, ist Verlangen jedoch mehr als das. Tatsächlich erkennt man am besten, wie wichtig der Wunsch im Leben eines Menschen ist, wenn man ihn als das Ergebnis persönlicher Vorlieben betrachtet.

Was ist Begehren?

Zu wissen, was Sie in Ihrem Leben nicht bevorzugen, kann Ihnen helfen herauszufinden, was Sie in Ihrem Leben wollen. So kann das Wissen, dass Sie kein saures Essen mögen, dazu führen, dass Sie entdecken, dass Sie süßes oder vielleicht scharfes Essen mögen.

Diese Präferenzen können als Wünsche betrachtet werden. Mit anderen Worten: Sie

wollen einfach nur würzige statt saure Speisen essen.

Begehren wird auch oft fälschlicherweise als unmoralisch angesehen. Manche Menschen betrachten Wünsche als "schlecht", weil sie zu Gier, Egoismus, Neid und vielen anderen negativen Emotionen führen können. Aber genau da liegen sie wieder einmal falsch.

Betrachten Sie das obige Beispiel: Ist es sündhaft, unmoralisch oder falsch, wenn Sie scharfes Essen anstelle von saurem Essen wünschen?

Darüber hinaus gibt es viele Wünsche, die man kaum als falsch oder, schlimmer noch, als böse bezeichnen könnte. Manche Menschen möchten einfach nur gesund sein. Andere möchten vielleicht in der Lage sein, Bedürftigen zu helfen.

 FINANZIELLE VIBRATION

Abkommandierte Abteilung

Begehren kann jedoch kontraproduktiv sein und zu Ihrem Verhängnis werden, wenn es von Gefühlen der Verbundenheit - oder der Loslösung - begleitet wird.

- Bindung - Ihr Wunsch ist außergewöhnlich stark, bis zu dem Punkt, dass Sie deswegen negative Emotionen empfinden. Sie fühlen sich hinsichtlich Ihrer Fähigkeit, Ihr Ziel zu erreichen, unter Druck gesetzt. Sie sind besorgt und haben Angst vor den Folgen, wenn Sie nicht bekommen, was Sie wollen.

- Selbstlosigkeit - Verlangen ist das Einzige, was Ihnen Sorgen bereitet. Sie fühlen nichts anderes. Sie sind nicht in der Lage, sich in die Gefühle anderer einzufühlen oder mit ihnen zu sympathisieren, weil alles an Ihnen völlig darauf ausgerichtet ist, das zu bekommen, was Sie wollen.

FINANZIELLE VIBRATION

Denken Sie zum Beispiel an einen Schüler mit dem Wunsch, gute Noten zu bekommen.

Gefühle der Verbundenheit können dazu führen, dass der Schüler sich endlos über Testergebnisse Sorgen macht und anfängt, unter Nervenzusammenbrüchen und Schlaflosigkeit zu leiden.

Auf der anderen Seite kann ein Student, der den gleichen Wunsch hat, die Distanz als Bewältigungsmechanismus nutzen. In diesem Fall verbringt der Student seine Zeit mit dem Studium bis zu dem Punkt, an dem er alles andere ausschließt, wie z.B. regelmäßiges Essen und Schlafen oder die gleichgültige Behandlung von geliebten Menschen.

Begehren und Losgelöstsein sind offensichtlich zwei verschiedene Dinge, aber sie können gleichzeitig erlebt werden.

 FINANZIELLE VIBRATION

Letztlich ist es die Nicht-Anhaftung, die Sie anstreben müssen, wenn Sie wollen, dass Ihre Wünsche erfüllt werden.

Gefühle der Nicht-Anhaftung befreien Sie von negativen Gedanken und Emotionen und motivieren Sie gleichzeitig, besser zu tun und zu denken, um Ihr Ziel zu erreichen.

 FINANZIELLE VIBRATION

Die Vorteile der Planung für finanziellen Wohlstand

Zu diesem Zeitpunkt sind einige von Ihnen vielleicht davon überzeugt, dass Sie alles wissen, was getan werden muss, um die beste Einstellung und Denkweise zu haben, um finanziellen Überfluss zu genießen.

Das ist alles schön und gut, aber Sie müssen bedenken, dass finanzieller Überfluss auch intelligentes, strategisches, praktisches und greifbares Handeln erfordert. Dann kommt die Planungsphase.

6 Schlüsselschritte zur Erstellung eines Plans zum finanziellen Wohlstand

 FINANZIELLE VIBRATION

Planung ist ein Prozess, der Zeit braucht, um zu erstellen, zu vervollständigen und zu verfeinern. Nehmen Sie sich Zeit, um den besten Plan zu entwerfen. Änderungen werden schwieriger und kostspieliger zu implementieren sein, wenn Sie sie erst nach Fertigstellung der Pläne vornehmen.

Schritt 1: Cash Flow erhöhen

Das erste Ziel, auf das sich Ihr Plan konzentrieren sollte, ist die Steigerung Ihres Cashflows. Es bedeutet vielleicht nicht mehr Gewinn, Einkommen oder Umsatz, aber es bedeutet mehr finanzielle Flexibilität. Eine andere Möglichkeit, Ihren Cashflow zu erhöhen, besteht einfach darin, die Kosten zu senken. Mit mehr Geld in der Tasche haben Sie auch einen besseren Hebel, um Probleme und plötzliche Finanzkrisen zu lösen und Gelegenheiten zum Geldverdienen zu nutzen.

FINANZIELLE VIBRATION

Schritt 2: In Gesundheit und Versicherung investieren

Gesundheitsprobleme sind eine der größten Kostenquellen, also stellen Sie sicher, dass Sie sich vor zukünftigen Kopfschmerzen schützen, indem Sie jetzt in Kranken- und Versicherungspläne investieren. Apropos Versicherung, es ist auch am besten, das meiste - oder besser noch alles - von dem zu versichern, was Sie haben und was schützenswert ist. Erwägen Sie, in eine Lebensversicherung zu investieren, die auch eine recht gute Auszahlung hat.

Schritt 3: Schuldenmanagement und Schuldentilgung

Es ist an der Zeit, das Unvermeidliche nicht länger hinauszuzögern. Heutzutage werden Schulden selten getilgt.

Meistens gibt es keine Möglichkeit, ihnen zu entkommen, deshalb ist es am besten, sich zusammenzureißen und herauszufinden, welche Schulden am dringendsten sind und welche eine weitere Verhandlungsrunde mit Ihren jeweiligen Gläubigern verdienen. Das bedeutet natürlich nicht, dass Schulden immer eine schlechte Sache sind.

Verschuldung kann einen höheren Mittelzufluss und die Möglichkeit bedeuten, Ihnen seltene Investitionsmöglichkeiten zu ermöglichen. Achten Sie nur darauf, dass Sie nur das leihen, was Sie brauchen, oder zumindest das, was Sie sich leisten können.

Schritt 4: Erhöhen Sie Ihre Einsparungen

Dies bedarf sicherlich keiner weiteren Erklärung. Sparen ist wahrscheinlich der sicherste Weg, Ihren Ruhestand und Ihre Zukunft im Allgemeinen zu sichern. Denken Sie nur daran, dass Einsparungen in vielen

Formen möglich sind; wählen Sie also mit Bedacht!

Schritt 5: Investieren

Ein passives Einkommen ist in jedem Plan zur Erzielung von finanziellem Wohlstand stets unerlässlich. Investitionen sind sicherlich eine der lukrativsten Quellen passiven Einkommens, aber sie können auch eine der risikoreichsten sein. Seien Sie vorsichtig bei der Auswahl der Investition, auf die Sie sich für Ihr hart verdientes Geld verlassen werden.

Schritt 6: Nachlassplanung

Schließlich ist es nie zu spät, mit der Planung dessen zu beginnen, was mit Ihrem Nachlass geschehen soll, wenn Sie aus irgendeinem Grund nicht in der Lage sind, ihn zu verwalten.

FINANZIELLE VIBRATION

Ein eigenes Testament zu verfassen und dafür zu sorgen, dass es wasserdicht und legal ist, ist natürlich etwas, das Sie selbst tun können, aber nur, wenn Sie bereit sind, sich die Zeit zu nehmen, alle Vor- und Nachteile der Nachlassplanung zu studieren.

Die oben genannten Schritte sind eindeutig leichter gesagt als getan, aber sie werden den Weg zu finanziellem Überfluss ebnen, wenn Sie sich zu Ihrem eigenen Plan verpflichten!

FINANZIELLE VIBRATION

Besuchen Sie unsere Website! Holen Sie sich weitere Bücher von MENTES LIBRES!

https://www.amazon.de/MENTES-LIBRES/e/B08274DDV4?ref_=dbs_p_ebk_r00_abau_000000

Wenn Sie möchten, können Sie Ihren Kommentar zu diesem Buch hinterlassen, indem Sie auf den folgenden Link klicken, damit wir uns weiter entwickeln können! Vielen Dank für Ihren Kauf!

https://www.amazon.de/dp/B088YMG1TR

www.ingramcontent.com/pod-product-compliance
Lightning Source LLC
Chambersburg PA
CBHW071121240526
45465CB00022B/749